www.tredition.de

AF202355

H. Götze-W.

Verse, Gedichte und Geschichten

Lyrik

Geschrieben hab ich das für euch.

Ich hoffe, daß es euch erfreut.

Lange sollt ihr Freude haben.

Das will ich euch allen sagen.

www.tredition.de

© 2016 H. Götze-W.

Umschlag, Illustration: R. Götze

Verlag: tredition GmbH, Hamburg

ISBN
Paperback   978-3-7345-0704-5
Hardcover   978-3-7345-0705-2
eBook   978-3-7345-0706-9

Printed in Germany

Inhaltsverzeichnis

Auf dem Rummelplatz

A uf dem Rummelplatz ist für jeden Platz.
Die Kinder kreisen im Karussell,
die Achterbahn fährt immer ganz schnell.
Gleich beginnt der Start, ab geht´s mit der Fahrt.
Viele gehen auf den Rummelplatz,
da ist groß und klein und auch die Katz.
Es erklingt Musik und man singt ein Lied.
Sollte man dann noch Hunger haben,
so gibt es etwas für den Magen.
Auch gibt es ein Los, ein Gewinn ganz groß.
Wie die Schiffchen schaukeln hin und her,
probier es aus, das ist nicht schwer.
Der Tag ist vorbei, ohne Langeweil.

Brot backen

B rot zu backen ist ein Genuß,
du den Teig vor kneten mußt.

Nehme Mehl und Salz,

dann Wasser und rühre Hefe an,

jetzt fang mal gleich zu kneten an.

Knete ihn es ist nicht schwer,

doch der Teig er mag es sehr.

Ein Stündchen soll er Ruhe haben,

und die Schüssel ins Warme tragen.

Nach kurzer Zeit du bei der Schüssel stehst,

kannst du sehen wir der Teig hoch geht.

Knete ihn nochmals kräftig durch

und decke ihn zu mit einem Tuch.

Nun heize deinen Ofen auf,

rein den Teig es nimmt seinen Lauf.

Oft braucht der Teig dann noch eine Stund,

vielleicht hinzu noch eine Sekund.

Sieht er dann braun und knusprig aus,

so hol ihn aus dem Ofen raus.

Nun nimm das Brot aus der Form heraus,

und mach noch schnell den Ofen aus.

Oh welch ein schmackhafter Genuss,

ein Stückchen du probieren mußt.

Hast du einmal davon gegessen,

wirst du dieses Brot nie vergessen.

Das Bauchweh

Oh weh, oh weh nun hab ich Bauches-
weh. Das Bauchweh kann ich kaum
ertragen,
es schlägt mir auch noch auf den Magen.
Ich hab gegessen so viel ich kann,
jetzt fängt der Schmerz schon wieder an.
Es drückt mich links, es drückt mich rechts,
ich hoffe mir wird nicht noch schlecht.
Mal geht es mir gut, dann beginnt es
von vorn, so jetzt trinke ich einen Korn.

Prost.

Das Bienlein

Summ, summ, summ,
liebes Bienlein summ.
Fliege über Berg und Tal,
da bist du dann den Blüten nah.
Summ, summ, summ,
liebes Bienlein summ.
Fliege dann zum Bienenhaus
und teile dort den Honig aus.
Summ, summ, summ,
liebes Bienlein summ.

*Das Fenster

wurde auserwählt beim Gedichte-Wettbewerb für das Jahrbuch des neuen Gedicht 2015 der Frankfurter Bibliothek

ISBN 978-3-933800-45-9

Das Fenster*

E in Fenster ist an jedem Haus,
man kann da schauen ein und aus.

Auch zum Öffnen ist es gedacht,

dann kommt frische Luft ins Gemach.

Ist es kalt, die Fenster geschlossen bleiben,

damit wir nicht die Wärme vertreiben.

Im Sommer wenn es ist ganz heiß,

man öfters das Fenster aufreißt.

Ein Lüftlein wehet dann herein,

es könnte gar nicht besser sein.

Oh wie wohl das Lüftlein tut,

gleich geht es wieder gar so gut.

Man kann am Fenster seine Zeit verbringen

und schauen nach den wunderschönen Dingen.

Das Gedicht

E in Gedicht, das möchte ich schreiben
für Euch.

Ich schreibe von gestern, von morgen

und auch von heut.

Man kann es sagen, schreiben,

oder auch denken,

ich möchte Euch noch viele Gedichte

schenken.

Das Gewissen

E gal was du im Leben machst,
denke daran, dass du ein
Gewissen hast.
Wie so oft es schon im Leben war,
erst zum Schluß ist das Gewissen da.
Oh welch ein Leid musst du nun erfahren,
wenn dein Gewissen kommt nach vielen Jahren.
Bist du jedoch von Liebe und Güte umgeben,
wird sich dein Gewissen als ein Gutes ergeben.
Drum sei auch du stets bedacht,
dass dich dein Gewissen begleitet bei Tag und
Nacht.

*Das Herz-Rezept

dieses Gedicht wurde beim Gedichte-Wettbewerb in das Jahrbuch für das neue Gedicht 2013 von der Frankfurter Bibliothek ausgewählt.

ISBN 978-3-933800-37-4

*Das Herz-Rezept

wurde für das Buch: Die besten Gedichte des Jahres 2013 von der Frankfurter Bibliothek ausgewählt.

ISBN 978-3-8372-1299-0

Das Herz-Rezept*

1/4   voller Dank und Ehr,

dann setzt sich s´Herzel nicht zur Wehr.

Freuen tut das Herz sich gut,

wenn man guter Dinge tut.

¼ dann noch Frohsinn macht,

dann schlägt dein Herz in voller Pracht.

Wenn du noch singst und du noch lachst,

dein Herz dir gute Laune macht.

¼ Glück solltest du noch haben,

daß dir kann dein Herz die Sorgen tragen.

¼ Wärme brauchst du ganz bestimmt,

daß dein Herz die Angst und Zorn dir nimmt.

Doch ganz viel Liebe dann zum Schluß,

nun schlägt dein Herz, wie´s schlagen muß.

Das Hexenfest

In der Hektik hab ich ganz vergessen,
dass es gibt auch noch Oberhexen.
Alt und grauslich sehn sie aus,
sie kommen vom Wald aus dem
Lebkuchenhaus.
Sie wollen heut feiern und gehen zum Tanz,
im Walde ganz oben, hinter der Tann.
Am Grillplatz wird dann ein Feuer gemacht,
es wird gesungen, getanzt und gelacht.
Kommet alle her, jetzt trinken wir einen Fiffi,
denn dann sind wir alle gleich hippi.
Jetzt suchen wir einen, mit dem man ums
Feuer tanzen kann, wir machen uns ran,
an einen Chef - Ehemann.

Doch der Chef, er spricht ihnen zu,

ich hab es vernommen,

und hab meine Frau Gemahlin

zum Tanze genommen.

Die Oberhex, nun wird sie ganz blaß,

jetzt regnet´s und sie wird noch ganz nass.

Jetzt hat sie genug und sie geht nun nach Haus,

denn diese Geschichte ist eh bald aus.

Das Schäflein

D as Schäflein redet mit dem Hund und
spricht:

Schnif-schniff, schnaff-schnaff, schnuff-schnuff.

Der Hund antwortet dann dem Schaf:

Wiff-wiff, waff-waff, wuff-wuff.

Dann kommt das Geißlein auch dazu

und redet allen beiden zu:

Mäh-mäh, mah-mah, muh-muh,

jetzt fehlt nur noch eine Kuh.

Das Vögelein

Wer zwitschert denn am frühen Morgen,
ein Vögelein ganz ohne Sorgen.
Oh liebes Vögelein wie ist das schön,
dich zwitschernd auf dem Baum zu sehn.

Dein Stern

D er Himmel voller Sterne ist,
   sie sind für uns, das ist gewiß.
Es gehört jedem Mensch ein Stern,
seit viel tausend Jahr und so fern.
Und immer wenn du Sorgen hast,
schau dann hoch zum Stern in der Nacht.
Er leuchtet dann im hellen Schein,
der Stern soll dir für ewig sein.

Der Apfel

V iele Äpfel können wir Jahr für Jahr
ernten,
auf unseren Wiesen und in unseren Gärten.
Auch welch ein leckerer Genuss,
ist selbst das Apfelmus.
Und wenn wir den Apfel in kleine Stücke
hacken, können wir davon einen guten Kuchen
backen. Vieles können wir noch haben
von dem guten Obst, man denke nur an den
süffigen Apfelmost. Hunger hat man auch mal
zwischendurch, man nehme einen Apfel und
schneide ihn durch.
Sehr bekömmlich ist die wahre Pracht
und ist nicht nur für uns Menschen gedacht.
Auch die Tiere packen kräftig zu,
wenn man ihnen gibt einen Apfel dazu.
Drum gönne dir jeden Tag,
einen Apfel, wenn du ihn magst.

Der Baum

Da steht er dort am Wiesensaum,
der große, alte, dicke Baum.
Er ragt hoch hinauf in voller Pracht,
man sieht es ihm an, seine große Macht.
Jahr für Jahr er gute Früchte trägt.
Es ist schön, wenn es noch lange so
weitergeht.

Der Donnerkeil

Mit dem Donnerkeil gibt´s keine Langeweil.

Mit dem Donnerkeil da fahr ich alleweil.

Er fährt jetzt gleich los und ist riesengroß.

Früh morgens steh ich auf,

der Tag nimmt seinen Lauf.

Gepackt ist alles was ich brauch,

einen Kaffee gibt´s dann auch.

Den Schlüssel dreh ich um,

gleich macht es brumm, brumm, brumm.

Am Steuer sitz ich dann,

halt an der Ampel an.

Nur langsam es dann vorwärts geht,

an jedem Eck ein Blitzer steht.

Ich fahr dann dran vorbei,

denn ich hab keine Eil.

Der Eintopf

E intopf gibt es bei uns recht oft,
auf dem Herd steht schon mal der Topf.

Man gibt Gemüse nun hinein,

auch Kartoffeln dürfen es sein.

Man dünstet`s nun mit Butter an

und gibt danach noch Wasser dran.

Dann wird alles kurz aufgekocht,

was für eine gesunde Kost.

Gibst du Kartoffeln noch mit rein,

sollten es zwanzig Minuten sein.

Im Garten hol ich dann geschwind,

alle Kräuter die ich find.

Gewaschen, geschnitten, geputzt,

ich die Kräuter zum Eintopf nutz.

Salz, Pfeffer, Muskat noch dran,

dann fängt´s noch mal zum köcheln an.

Schon kann man den Tisch dann decken

und das wird sicherlich schmecken.

Der Fasching

J ubel, Trubel und Heiterkeit,
    jetzt ist der Fasching nicht mehr weit.
Alles wird fein hergerichtet
und das Holz wird aufgeschichtet.
Bis das Holz dann spät abends brennt,
erst mal an den Fasching denkt.
Für die Großen und die Kleinen,
geht´s zum Fasching ohne weinen.
Bunte Kleider, Masken tragen,
alle an den Faschingstagen.
Hexen, Teufel und Pistolen,
manche aus dem Schranke holen.
Ganz bekannt in unserem Land,
zieht man los im Hexengwand.
Ganz fürchterlich sieht diese aus
nun ist die Geschichte aus.

Narri, Narro

Der Fisch

B ei uns daheim, da gibt es keinen Fisch,
es ist halt niemand do, der den ißt.
Im Wasser do hüpft er putzmunter daher,
auf dem Teller schmeckt er so richtig nach Meer.
Seine Haut ist alt, do sind schon Schuppen dran,
ich glaub halt nicht,
daß ich so ebbes essen kann.

Der Garten

Im Garten blüht es gar so sehr
und Jahr für Jahr immer mehr.
Im Sommer all die bunten Blumen stehn,
die ich doch immer so gerne seh.
Im Herbst sie dann alle welken,
ob Rosen, Geranien oder auch Nelken.
Für den Winter werden sie zugedeckt,
bevor sie dann der Schnee bedeckt.
Im Frühjahr, man sieht die Tulpen noch nicht,
aber dafür viele, viele
Vergißmeinnicht.

Der Geburtstag

Wie viele Jahre bist du nun geworden
und noch viele Jahre sollst du leben
ohne Sorgen.
Manchmal ist das schwer,
doch glaube daran,
daß man stets von vorne beginnen kann.

Der Gottes Mensch

E in lieber Mensch ist ein Gottes Geschenk.
Oh könnten wir auf Erden doch alle
liebe Menschen werden.
Das ist doch einfach und bedenkt,
daß Gott uns Menschen alle lenkt.
Und bleiben wir in Gottes Hut,
das gibt uns Kraft und gibt uns Mut.
So sei auch du ein Gottes Mensch
und glaube daß man an dich denkt.
Und trage auch du nur liebes im Herzen,
dann kannst du vergessen Sorgen und
Schmerzen.
Gott hilft uns und gibt uns einen guten Rat,
helfet mit und gebet eine gute Tat.
Was immer auch geschieht,
Gott ist es, der alles sieht.

Der Herrgott

D er Herrgott hat gesehen, was ist bloß
mit unserer Welt geschehen.

Dann hat er traurig nachgedacht,

warum bloß einer über den anderen lacht.

Jeder hat doch sein eigenes Päcklein zutragen,

und es gibt´s ja, dass sich manche sogar

schlagen.

So sprach der Herrgott zu sich selbst,

was ist denn geworden aus meiner Welt.

Dann wurde es ihm gar so traurig um´s Herz,

ich kann nicht mehr sehen diesen Schmerz.

Zwei Welten hätte ich sollen schaffen,

und über Gut und Böse wachen.

Nicht alle Herzen sind mir gut gesinnt,

doch vielleicht hilft beten,

und ich noch neue Herzen find.

Stark macht uns ein miteinander,

darum beten wir zum Herrn füreinander.

Oh, liebe Leute hört auf euer Herz,

macht euch frei von Sünden und von Schmerz.

Betet für den Frieden im gesamten
Himmelreich,
ihr werdet dafür danken von Gott die Ewigkeit.
Drum betet wenn ihr Sorgen habt,
und danket Gott für jeden Tag.

*Der Hohenzoller

Ausgewählt beim Gedichte-Wettbewerb von der Frankfurter Bibliothek für das Jahrbuch des neuen Gedicht 2016

ISBN 978-3-933800-47-3

Der Hohenzoller*

E in Vulkan war er einst einmal gewesen,
nun ragt hervor ein riesiges Anwesen.
Den Hohenzoller ihn man nennt,
und vieler Land den Zoller kennt.
Die Burg ragt aus dem Berg heraus,
mit Türmen ist geschmückt das Haus.
Unten da gibt es einen Weg,
wenn man dann zum Zoller hoch geht.
Ganz weit oben ist man dann angekommen,
von dieser Schönheit noch etwas benommen.
Freud und Leid man hier gesehen,
denn vieles ist schon geschehen.
Menschen kommen in Scharen,
es gibt auch die hier schon waren.
Hier heroben bei dem so mächtigen Schloß,
vor dem Haus ein Denkmal, ein Herr auf dem
Roß. Ganz mitten drin im Mittelalter man ist,
und niemand der den Hohenzoller vergißt.

Der kleine Zeh

Oh weh, oh weh, was ist bloß los
mit dem kleinen Zeh?
Es drückt der Schuh am kleinen Zeh
und er tut dann gar so weh.
Vielleicht hat man es nicht vernommen
und die falschen Schuh genommen.
Nicht lange hält man dieses aus,
und schlüpft dann aus dem Schuh heraus.
Mal sehen, was man machen kann,
dann zieht man halt die Schlapper an.

Der Krieg

L iebe Leute seit bedacht, die Atombomben
sind für die Menschen gemacht.
Pflanzen und Tiere brauchen sie nicht,
denn wirklich wahr ist deren Gesicht.
Auch mit Gewehren und Panzern schießt man
auf uns Menschen zu,
warum und weshalb sie das bloß tun?
Die Großen möchten immer mehr und mehr,
und geben den Kleinen überhaupt nichts her.
Und holen sich die Kleinen was ihnen gehört,
dann kommen die Bomben und alles ist
zerstört.

Der Nachbar

Hallo Herr Nachbar, was ist geschehen,
zufriedene Menschen
kannst du nicht sehen.
In deinem Herzen wütet stark der Neid,
das macht dich krank und es vergeht deine
Herzlichkeit.
Doch gerade du
könntest doch auch glücklich sein,
du hast jeden Tag etwas zu essen und abends
trinkst du ein Gläschen Wein.
Leider reicht dir das halt doch nicht aus
und so schaust du lieber, was ist los
im anderen Haus.
Dann mach es halt so, wie deine Nachbarn sind,
arbeiten, bei Sonne, bei Regen und auch
bei Wind.

Wer selbst zu Hause seine Arbeit sieht,

braucht nicht zu schauen, was bei seinem

Nachbar geschieht.

Von mir aus kannst du fünf Ferraris haben,

ich möchte nicht mit einem einzigen fahren.

Es mir auch mein altes Benzlein tut,

Hauptsache es fährt und es geht die Hup.

Drum sei dir gesagt,

arbeiten macht dich gesund von Haß und Neid,

drum tu es einfach, ob`s stürmt oder schneit.

Der Neid

So manchen trifft's mit Hass und Neid,
und mancher schürt des anderen Leid.
So hört man es aus vieler Mund,
doch jedem schlägt die letzte Stund.

Der Spiegel

G ewiß sieht man es ihm an,
daß man sich darin sehen kann.

Jeden Morgen schauen wir rein,

und denkt es könnte besser sein.

Später schaut man dann wieder rein,

oh, das ist ja ganz hübsch und fein.

Den Spiegel auch beim kämmen nutzt,

sogar wenn man die Zähne putzt.

Sitzt das Kleid denn auch so richtig,

gut, denn das ist doch sehr wichtig.

Man es auch gar nicht glauben kann,

am Spiegel steht auch oft der Mann.

Vor ihm steht er zum rasieren,

sonst könnt leicht etwas passieren.

Was ich gar noch wichtig find,

es schaut auch oft hinein das Kind.

Schaust du mit einem Lächeln rein,

findest du das auch sicher fein.

Der Stuhl

Was würden wir bloß tun,
hätten wir gar keinen Stuhl.
Es läßt sich so gut auf ihm sitzen,
egal ob mit oder auch ohne Kissen.
Ob wir essen, schreiben, lesen oder ruhn,
das ist meistens auf einem Stuhl.
Man findet ihn in der Küche im Eßzimmer,
im Büro und im Garten,
auf ihm können wir auch längere Zeiten
warten.
Bekannt ist der Stuhl schon seit vielen Jahren,
als wir alle noch gar nicht auf unserer
Erde waren.
Nicht nur aus Holz wird er heute gebaut,
auch aus Kunststoff er viele Jahre taugt.

Der Stuhl, er ist auch immer für alle da,

für Oma, Opa, Kind, Enkelkind, Mama und

auch Papa.

Man braucht ihn tagaus, tagein

und alle sind glücklich,

wenn der Stuhl ist sein.

Der Uhu

D er Uhu saß auf einem Baum,
ruhig war er man sah ihn kaum.
Dann schaut er von oben herab,
ob es doch noch ein Mäuschen gab.
Die Stille ihn im Wald umhüllt,
dieses ganz sein Leben erfüllt.
Wir hören gerne seine Schreie,
uhu uhu, das ist`s was ich meine.
Lange Zeit er da im Baume sitzt,
ganz genüßlich er dann etwas ißt.
Doch was hört denn jetzt der Uhu nun,
ein zweites Schreien uhu uhu.
Es ist ein Uhu der etwas unternimmt,
ein Frauchen das sich zu ihm gesinnt.
Ganz glücklich sehen nun beide aus,
sie fliegen jetzt wohl zurück nach Haus.

Der Weihnachtsbaum

D er Weihnachtsbaum steht da
in voller Pracht,

auch in diesem Jahr man an ihn gedacht.

Wie ist er nur so schön geschmückt,

und hat ihn in die Mitt gerückt.

Rundherum kann man ihn sehen,

und auch um ihn rum noch gehen.

Bunte Kugeln schimmern im Kerzenlicht,

dann liest man da noch ein Gedicht.

Geschenke werden gleich gepackt

und dann unter den Baum gebracht.

Lametta, Lebkuchen und Äpfel ganz fein,

sind an dem Baume das soll so sein.

Doch am allerschönsten dann ist,

wenn brennt an Weihnacht Kerzenlicht.

Die DM

Die DM uns viel Freude war,
nun ist sie weg schon viele Jahr.
Ob groß, ob klein, sie niemand vergißt,
und jeder sie noch heut vermißt.

Die Faschingstracht

D as ganze Jahr wird geschafft
und geputzt,
die Faschingszeit man deshalb nutzt.
Da seid ihr Leute doch gar so fröhlich drauf
und alle dann kräftig auf die Pauke haut.
Es wird gesungen, getanzt und gelacht
und so mancher erscheint in der
Faschingstracht.

Die Hexen

H exenkessel und Hexenfeuer,
wenn Hexen kommen
ist nichts mehr geheuer.
Sie schieben dir die Schuld in die Schuh
und du kannst nichts dagegen tun.
Hexenkessel und Hexenfeuer,
doch manchmal werden Gerüchte teuer.

Die Hirneszellen

In meinen Hirneszellen,
da schlagen sich die Wellen.
Auf und ab geht es in meinem Kopf,
als flächtet man mir einen Zopf.
Edle schöne Gedanken,
in meinem Hirn rumwanken.

Die Jahre

Wie viel Jahre jung bist du denn
heut geworden,
viele Jahre sollst du leben ohne Sorgen.
Manchmal ist es sehr schwer.
Doch glaube daran, daß man
von vorn beginnen kann.

Die Kinder im Garten

Im Garten sollt ihr spielen,
im Garten sollt ihr sein.
Blumen gibt es so viele,
groß und auch ganz klein.
Dort könnt ihr euch dann tummeln,
im Garten bummeln.
Ihr könnt dort auch mal rasten,
ohne Eile, ohne Hasten.

Die Ruhe

Brauchst du Kraft so brauchst du auch Ruhe,

es ist nicht egal was ich tue.

Immer mit der Ruhe heißt es schon lange,

das ist gut und habe keine Bange.

Danken wird es die Gesundheit dir,

es ist wahr, bitte glaube mir.

Die Schwäbische Hausfrau

W as die schwäbische Hausfrau so alles
kann, des sieht man ihre gar net so an.
Sie ist kein Model und auch kei Zuckerpupp,
doch kochen kann sie die beste Supp.
Im Haus drinne alles blitzet und blinket
was es so geit,
ein Stoible auch nicht lange weilt.
Mit flinken Händen und viel Geschick, werdet
nebenher auch noch Socken gestrickt.
Doch beim waschen und trocknen gibt`s Blüsle
gar Falten, doch net
bei der schwäbischen Hausfrau,
net a mol bei den Alten.
Gebügelt wird, ob Hemd, ob Blus, do gibt´s koi
Gnad, des isch`t a muß.
Und wenn sie ist verheiratet und hat einen
Mann, dem zeig i gleich a mol,
was i so alles kann.
Ist das Essen fertig und steht auf dem Tisch,
no kommt mein Mann rei und sagt,

ja i eß heut keinen Fisch.

Was willst du dann essen und hör mir gut zu,

wenn du nix essen willst,

no putz halt deine Schuh.

Am Abend no s´Bäuchle halt doch noch knurrt,

no kommt er in die Küch rein

und um mi schnurrt.

Was Leckeres geit´s, des isch gwiß, komm hock

die na und iß.

Zum trinken gibt´s und das wißt auch ihr, ein

gut gekühltes Fläschle Bier.

S´Bäuchle isch´t voll, jetzt fühlt er sich wohl,

i au glei noch seine Hausschuh hol.

Jetzt kommet no d´Enkel und schauet en Topf,

da sind ja noch Nudeln drin,

Oma du bist halt eine gute Köcherin.

Nun sagt mein Mann ganz lieb und nett, so jetzt

geht´s mir wieder gut und jetzt gang i ins Bett.

Gute Nacht

Die Socken

Die Socken braucht man für beide Bein,
drum sollen es wenn möglich
zweie sein.
Fleißige Hände ihn meist strickt,
für die Füße sind sie sehr geschickt.
Fuß und Zehen hält er warm,
getragen von jung und alt auch noch so arm.
Man zieht ihn über Zeh und Fers,
ohne Müh und ganz ohne Schmerz.
Ob rot, grün, schwarz ob weiß,
die Socken sind halt doch kein ......

Die Sonne

S onne, liebe Sonne,
    ach was bist du für eine Wonne.
Doch bei jedem Sonnenstrahl,
sind wir dir ja gar so nah.
Wir brauchen deine Wärme und dein Licht,
doch ohne dich zu leben,
das gibt es für uns nicht.

Die Stille

E s ist leise, kaum hört man etwas,
  ein leises knistern drüben vom Faß.
Es ist wie wenn es dort knarrt,
lange es im Raum verharrt.
Es ist leise, kaum hört man etwas,
diesmal ist es nicht das alte Faß.
Ein leises Lüftlein zum Fenster reinweht,
im Raum der Stille und die Zeit vergeht.
Wo ist sie nur die Stille überall,
nachts ist sie bei uns, wenn wir schlafen all.

Ein Engel

E in Engel setzt sich hin,
dort vor dem warmen Kamin.
Er denkt sich, was kann ich noch Gutes tun,
bevor ich gehe brav zur Ruh?
Da kommt herein, Mama, Papa und ein Kind
der Engel ihnen dann ein Liedlein singt.
Hören kann man sein Liedlein nicht,
doch spüren tut man`s sicherlich.

Ein lieber Mensch

Um einen lieben Menschen muß man
weinen,
dagegen kann man gar nichts tun.
Die Tränen fließen einfach weiter
und möchten kaum noch ruhn.
Auch tief drinnen im Herzen,
fühlt man Trauer und Schmerzen.
Lange wird dann das so sein,
wenn er schläft dann ewig ein.

Es war

Es war einmal und ist nicht mehr.
Es war einmal und kehrt nicht mehr.
Es wird einmal und geht doch nicht.
Es könnte sein und ist dann nicht.
So geht nun halt dieses Gedicht.

*Frohsinn und Heiterkeit

ist erschienen im Jahrbuch für das neue Gedicht 2014 beim Gedichte-Wettbewerb der Frankfurter Bibliothek.

ISBN 978-3-933800-42-8

Gedichtevorlesung 2014 im Deutschen Literaturfernsehen.

Frohsinn und Heiterkeit*

W er Frohsinn hat und Heiterkeit,
der paßt sehr gut in unsere Zeit.
Wenn Stress und die Sorgen plagen,
wir uns dann heiteres sagen.
Gleich viel wohler wird es ums Herz,
man vergißt die Not, Streit und Schmerz.
Auch lachen ist gesund man sagt,
drum lache gerne jeden Tag.
Doch in dir steckt Heiterkeit,
drum sei du dazu bereit.
Schenk es Menschen allen hier,
Gott wird es danken dir dafür.
So ist es mit der Heiterkeit
und auch ein Dank der Fröhlichkeit.

Gottes Mutter Maria

Gottes Mutter Maria war voller Sorge
und auch Schmerz,

was mußte sie alles hinnehmen,

tief traurig war ihr Herz.

Voller Liebe war sie stets umgeben,

ihren liebsten Sohn wollte man ihr nehmen.

Was hat sie alles getan und

was hat sie alles versucht,

alles war vergebens ihren

liebsten Sohn hat man gesucht.

Oh wie groß war die Last auf ihrem Rücken,

wieso geschahen gar so schlimme Tücken.

Niemanden haben sie etwas zu Leide getan,

es waren arme Leute man sah es ihnen an.

Ihren Sohn wollte sie doch retten,

es war zu spät er ging an Ketten.

Nur Gutes hat er getan und man

vernahm edle Worte,

ihnen war´s egal man wollte ihn nicht

an diesem Orte.

Alle Ängste, die Verzweiflung hatte

keinen Sinn,

sie richteten Jesus Christus ans Kreuze hin.

Doch als Mutter Maria dann sah

das Grab war leer,

da verlor sie die Angst und der Schmerz

war nimmer mehr.

So viele Menschen haben gesehen,

was ist mit Marias Sohn geschehen.

Da fragt man sich heut in dieser Zeit,

wo ist geblieben die Herzlichkeit.

Hund und Katz

S agt der Hund zu der Katz,
dir zeig ich gleich die Tatz.
Da lacht die Katz und sagt zum Hund,
hör mal her dir geb ich was kund.
Vor dir hab ich eh nie Angst,
weil du nicht rennen kannst.
Das war dem Hund dann zu viel,
ja du denkst es ist nur ein Spiel.
Warte, jetzt renn ich los,
verschwinde sag ich bloß.
Schwupp die Wupp, die Katz erschreckt,
ganz blitzschnell war sie dann weg.

Im Dschungel

Im Dschungel da wartet das Krokodil
und im Sumpf macht es
einfach was es will.
Was raschelt denn da im Gebüsch,
ein Elefant ganz groß und hübsch.
Schaut hin sagt die Elefantenmama,
zu ihrem Baby und zu dem Papa.
Genüsslich schmeckt das hohe Gras,
man dabei ganz die Zeit vergaß.
Im Dschungel ist es wie im Paradies,
und man es dort so richtig genießt.

Im Haus ist es kalt

I m Haus ist es kalt
dann fahren wir in den Wald.
Dort werden wir dann holen,
s´Holz für unseren neuen Ofen.
Kein Öl haben wir, das ischt uns zu teuer,
mit Holz machet wir heut unser Feuer.
Des ischt fei gar net so einfach,
wie manche denket,
wehe vom Kamin her ein Lüftle wenket.
Dann legst rein ein Scheitle und denkst,
jetzt brennt´s dann glei,
no kommt des Lüftle und schon ist es vorbei.
Jetzt raucht´s, schnell mach i des Türle zu,
zu spät, schon fällt die Glut auf meinen Schuh.

Nun nehm ich den Feuerhaken und
will die Glut wieder reinwerfen.
Auch das haut nicht hin, jetzt liegt die Glut
im Aschekübele drin.
Was mach ich jetzt, so langsam wird´s kalt
und Holz sollt ich holen, draußen im Wald.

Im Rentierstall

Im Rentierstall da warten die Tiere,
denn es kommt der Nikolaus.
Es geht los dann um viere,
sie ziehen von Haus zu Haus.
Er bringt vielen Kindern ein Geschenk,
weil er gerne an euch alle denkt.

Licht erhellet

L icht erhellet unseren Tag,
Licht ich am allermeisten mag.
Auch im Dunkeln ist gut munkeln
und man sieht die Sternlein funkeln.
Licht zeigt uns alle Wege dort,
ob fern und nah, an jedem Ort.

Mein Kräutergärtle

S eit vielen Jahren habe ich nun schon,
ein Kräutergärtle auch auf dem Balkon.

Ganz frisch hole ich die Kräuter rein,

dann schmecken sie so richtig fein.

Petersilie und Schnittlauch,

das gibt es hier wohl auch.

Schon einige Jahre wächst der Salbei bei mir,

Thymian und Rosmarin gibt es sogar hier.

Wenn es gibt eine Suppe und Braten,

hol ich die Kräuter draußen im Garten.

Sie werden gewaschen und abgetupft,

die Blätter vom Stiel noch abgezupft.

Kleingeschnitten werden sie darüber gestreut,

und ganz bekömmlich sich dann

der Gaumen erfreut.

Wenn nun die Ringelblume erblüht,

gibt es Tee, man sich gleich wohler fühlt.

Abgeschnitten wird dann die volle Pracht,

gebunden und in den Keller gebracht.

Einige Tage werden sie dort ruhn,

bevor man sie in die Teekanne kann tun.

Mit heißem Wasser werden sie aufgebrüht,

dann ziehen lassen und im Sieb abgespült.

Kräutertee pure Natur, das kann ich sagen,

der landet auch gleich in meinem Magen.

Und zum verzieren für den Mittagstisch,

gibt es einen Strauß mit Kräutern gemischt.

Den Duft den sie hier verbreiten,

den riecht man wahrlich von weitem.

Naht dann der Herbst und es wird schon kalt,

man die Kräuter im Keller verteilt.

Sie werden gebunden an die Wand gehängt,

beim kochen man gern an diese Kräuter denkt.

Mir Schwoba

M ir Schwoba schaffet elleweil,
bei uns do gibt´s kei Langeweil.
Morgens steht man früh dann auf,
denn der Tag nimmt seinen Lauf.
Erst mal waschen Zähne putzen,
Haare kämmen ist von nutzen.
Nun noch schnell ein Deo nimmt,
daß man nicht so schnell dann sti...
Nach dem waschen Betten machen,
aufgeräumt die Nachtwäsch-Sachen.
Da knurrt auch schon der Magen,
denn der will jetzt was haben.
Auf den Tisch ich das Brot gleich stell,
bring dann Kaffee auch ganz schnell.
Mit Butter und mit Marmelad,
das gibt heut nen super Tag.
Nach dem Frühstück Tisch abräumen,
das will der Schwob nicht versäumen.
Noch schnell die Blumen gießen,
hatschi, ich muß jetzt niesen.

Kaum hat man dieses nun getan,

fängt's Telefon zu klingeln an.

Wer kann das so früh schon sein,

schnell hör ich mal da noch rein.

Da hör ich grad jemand reden,

das ist sicher falsch gewesen.

Er plappert noch was dahin,

den Hörer leg ich dann wieder hin.

Jetzt geht es los, jetzt wird geputzt,

der Schwob dazu den Morgen nutzt.

Doch kaum ich dann den Besen schwing,

da kommt auch schon die Nachbarin.

Ich möchte dich was fragen,

kann ich etwas Zucker haben.

Na klar komm rein ich hol ihn dir,

bleib doch noch ein bißchen hier.

Eine Weile wird geplauscht,

dann steht Frau Nachbarin schon auf.

Sie dann schon wieder heimwärts geht,

mein Besen in der Ecke steht.

Jetzt muß ich mich dann hurten

und mit dem putzen spurten.

Fertig, hurra und Gott sei Dank,

alles ist nun schön blitze blank.

Kochen muß ich auch noch gleich,

schon so schnell vergeht die Zeit.

Kaum darüber nachgedacht,

halt ich bei der Pfanne wacht.

Nach der leckeren Mahlzeit dann,

fang ich gleich zu spülen an.

Gewaschen wird, dann gebügelt,

schnell noch auf, den Fensterflügel.

Gerade hält ein Auto an,

kommt mein liebster Ehemann.

Allerliebst schau ich ihn an,

denn es ist noch leer die Pfann.

Gut daß es doch Eier gibt,

davon hab ich noch vier Stück.

Schnell kommt jetzt die Pfanne raus,

ja das gibt nen leckeren Schmaus.

Noch ein kleiner Plausch muß sein,

dazu gibt´s ein Gläschen Wein.

Die Blumen noch recht durstig sind,

im Garten ich sie gieß geschwind.

Noch weggestellt, aufgeräumt,
dabei hab ich nicht´s versäumt.
Heran bricht nun auch schon die Nacht,
prima, das war ein schöner Tag.

Nimm es nicht schwer

Nimm es nicht so schwer in deinem Leben,
auch die Wege sind nicht immer eben.

Oh Mütterlein

E ines Tages werde ich mich fragen,
oh, Mütterlein was kann ich dir
noch sagen.
Doch ich denke nach und halte ein,
oh Mütterlein, oh Mütterlein,
ach könnte ich doch bei dir sein.

Oh Nikolaus

O h Nikolaus komm in unser Haus
und packe uns deine Päckchen aus.
Wie sehr bist du bekannt,
wir sind alle gespannt.
Was du uns wohl bringen magst,
wir danken dir für den schönen Tag.

Rose du Königin

Rose du Königin der Blumen,
wie bist du so stolz
als seist du aus Holz.
Wie viele haben an dich gedacht,
viel Freude hast du ihnen gebracht.
Man kann dich sehen in vieler Ort,
so blühe doch weiter und immerfort.

Schlafen

M enschen brauchen gar den Schlaf,
man sagt es ja wie das Schaf.

Wer gut ausgeschlafen hat,

geht mit Ruhe durch den Tag.

Man sollte nicht zu spät ins Bett hinein,

denn sonst schläft man nicht so richtig ein.

Ist man dann morgens früh aufgestanden,

wird abends bei Zeit zu Bett gegangen.

Acht Stunden soll der Mensch dann ruhn,

das geht schon, man muß es halt tun.

Wer dann nicht gleich einschlafen kann,

der mag im Bett was lesen dann.

Vielleicht ein Buch mit schönen Geschichten,

oder eins mit Versen und Gedichten.

Nach ein, zwei Seiten merkt man nun,

wie sich die Augen schließen zu.

Vielleicht noch kurz einen Traum,

von Blumen am Wiesensaum.

Nicht mehr ist man dann noch wach,

ich wünsche eine gute Nacht.

Schwäbische Schätze

Strähla duat ma mit am Kamm,
und zieht a Knickerbocker an.
Mit am Waschlompa duat ma sich wascha,
selle det dieba dent wieder dratscha.
Furba duat ma mit am Besa,
s'Bäsle isch geschtert do gwesa.
Kiele geits bei ons auf der Tann,
send mehr und mol weniger dran.
Honig geit es bei den Beile,
Heara leget uns die Eile.
Saua hend Kottlet, Schnitzel ond Speck,
se liegat halt elleweil gern im Dreck.
Halt dei Goscha sait ma schnell im Streit,
selt dieba des isch au gar it weit.
Hommla flieget bei ons em Garten rom,
jetzt gucke, daß i it zu spät dann komm.

No glotzt der Nochber dur sei Heck do rieber,

was bloget denn bloß dea Driebel schau wieder.

Bretle geits zu Weihnachten dann,

wenn fängt auch die Abventszeit an.

Mit am Ranza got ma end Schul,

des findet ma richtig cul.

Schwoba dent schella und net klingla,

manche dent au lieber bimmla.

A Mickele isch a kleines Stück,

Bleamle ma au im Beet gern pflückt.

A Retschkätter isch ebber

Der über andere nah zut

und meistens sagt ma iber dia

jo dann sowieso nix guts.

Koppa isch bei Tisch gar nicht gefragt,

rülpsen man das auf Hochdeutsch sagt.

A Pfiezle muß jeder a mol,

ma des au it verhendera ka.

Schelta dent se halt elleweil,

sicherlich net nur aus Langeweil.

Den Ofa duat ma fura,

und mit Holz duat ma schura.

Holz holt ma em Kratta,

und duat en Keller na dappa.

Saufa dent se gen aus da Kriag,

ond kommet nemme nauf dann Stiag.

Gugget eane fanget s´hendla a,

wia dia kehreg krätzga ka.

Mahlzeit sagt ma wenn man duat laben,

nobet des ischt halt no am Abend.

Am morgens ischt ma ganz frisch und monter,

und geht zum Frühstück ind Kiche ronter.

Freilig dia hends eilig,

gell - dia send schnell.

Ond Ahna hot ma elleweil bsuacht,

uf ket hot se a Kopfaduach.

Ohne Schuz isch ma net zum Haus naus ganga,

Wesch ischt en der Kich an der Leine khanga.

Da Ehne hau i gar it kennt,

der isch gstorba, mei Vatter war no a Kend.

An langer Lulatsch isch groß,

selten paßt dem au a Hos.

Schlotzer isch halt an Lutscher,

em Körble duat ma kruschdla.

On der sell mit am graußa Zenka

der duat euch elle jetzt gen wenka.

Zeitfracht Medien GmbH
Ferdinand-Jühlke-Straße 7
99095 Erfurt, Deutschland
produktsicherheit@kolibri360.de